CEU - CEFAS
Centro de Estudios, Formación y Análisis Social

La erosión de la separación de poderes en Iberoamérica. Análisis y propuestas

INFORME 05 | CEU-CEFAS

Diciembre de 2023

Autor

Yilian Ayala
Investigadora de CEU-CEFAS

CEU-CEFAS tiene por objetivo la promoción de los principios inspiradores fundamentales de la Doctrina Social de la Iglesia en los ámbitos cultural y político, mediante la realización de cursos, congresos y publicaciones. CEU-CEFAS aspira a constituirse en un lugar de referencia y encuentro para debatir, reflexionar, formar, difundir e investigar en el ámbito de las ideas para mejorar la sociedad.

www.cefas.ceu.es

CEU-CEFAS
Calle Tutor, 35
28008 Madrid | España
Teléfono: (+34) 91 514 05 77
cefas@ceu.es

Depósito legal: M-4166-2024
ISBN: 978-84-19976-10-9
Maquetación: CEU Ediciones
Impresión: CEU Ediciones
Impreso en España

Publica: CEU Ediciones
Calle Julián Romea, 18
28003 Madrid | España
Teléfono: (+34) 91 514 05 73
ceuediciones@ceu.es

La Fundación Universitaria San Pablo CEU es una entidad inscrita en el Registro de Fundaciones con el nº 60 /
CIF (G-28423275).

Índice

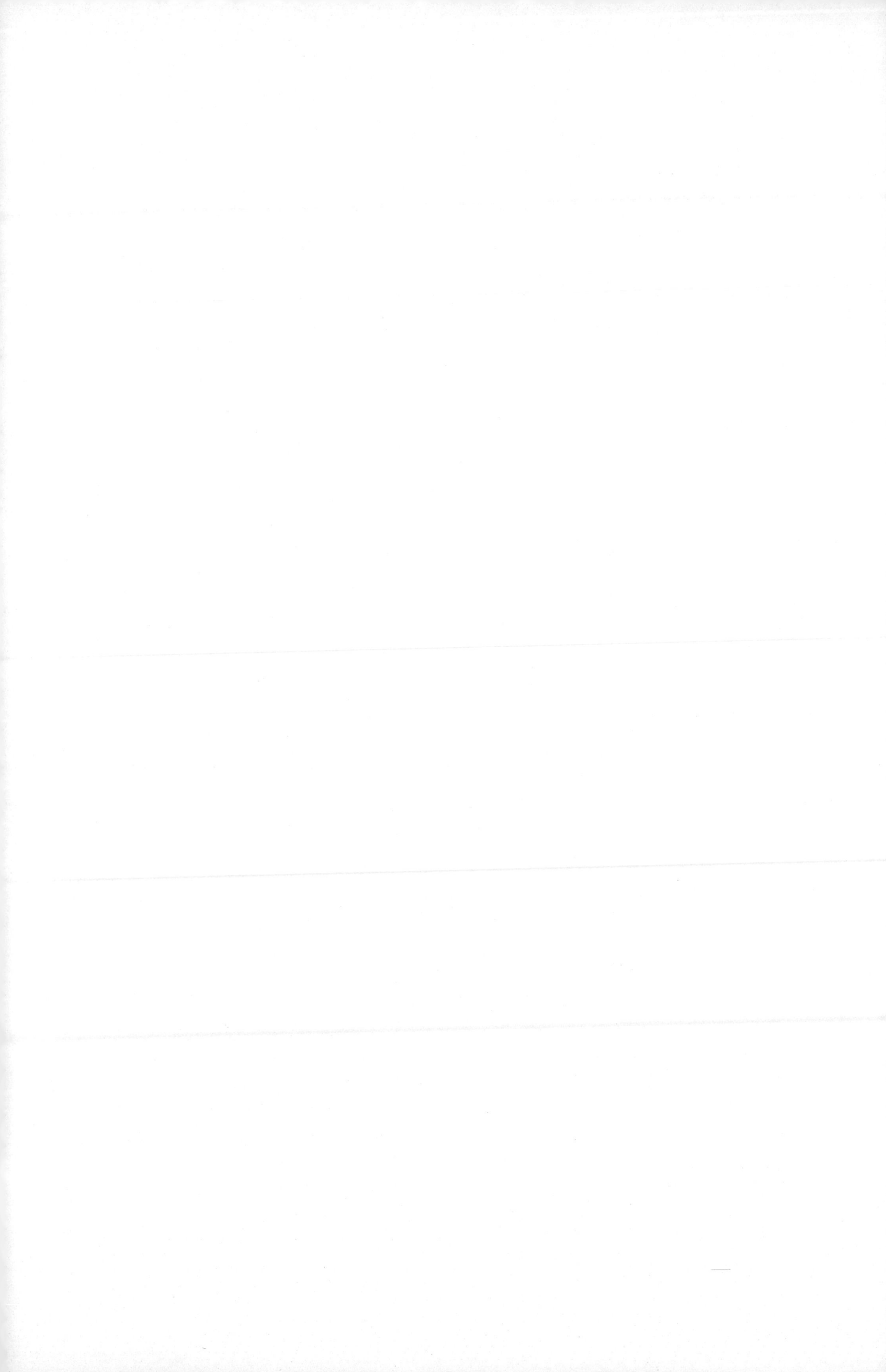

Resumen Ejecutivo

La democracia en Iberoamérica va camino de tener fecha de caducidad. Tras la transición democrática de la mayoría de los países de la región en la década de los 90 -con excepciones como la dictadura de los Castro en Cuba-, ese proceso nunca ha llegado a completarse en su máximo esplendor. Los sistemas democráticos jóvenes, que han tomado la inspiración política de Estados Unidos y de pensadores europeos, tienen -y han tenido desde que nacieron- un enemigo en casa: el marxismo y el radicalismo de la izquierda que se ha construido en Iberoamérica. El capitalismo, el libre mercado, la economía liberal y los principios a priori universales, como la protección de la familia, son ahora el enemigo a batir por líderes como Luiz Inácio Lula da Silva, tal y como lo explicó él mismo en el Foro de São Paulo de 2023.

Entonces, ¿cómo se puede frenar este deterioro democrático para evitar que la izquierda radical destruya la democracia en la región -con la estratégica inversión de China- y que lo haga desde las propias instituciones? La respuesta está en el compromiso que deben adquirir los conservadores. Es hora de dar la batalla política, cultural y económica a nivel internacional.

El objetivo de este informe es explicar por qué es necesaria una nueva coalición conservadora occidental con Iberoamérica y por qué a los conservadores les tiene que interesar lo que está pasando en el continente. La consecuencia más ilustrativa la vive Estados Unidos con la crisis migratoria en su frontera con México. Este es sólo un ejemplo: según datos de la policía fronteriza de Estados Unidos, en 2022, el año en el que Gustavo Petro se convirtió en presidente de Colombia, 125.200 colombianos llegaron a la frontera de Estados Unidos con México pidiendo asilo: 20 veces más que el año anterior. Ese es el diagnóstico del problema, la solución ya sólo pasa por una alianza internacional.

Para estructurar el plan de acción de esta coalición conservadora es necesario plantear una agenda común, que debería, sobre todo, basarse en consolidar todas las instituciones democráticas y la separación de poderes. Además, hay que fomentar el respeto a la libertad religiosa, de expresión y de cátedra, así como la defensa de la familia como núcleo de la sociedad. Parte de la agenda ideológica de la izquierda marxista iberoamericana ha centrado sus políticas en la actividad del ser humano fuera de la familia y ha desviado su sentido a través de la ideología de género. La construcción de una sociedad igualitaria, tal y como promovía Marx, se traslada al ámbito biológico al anular cualquier diferencia entre un hombre y una mujer. Partiendo de esa base, se altera el concepto de familia y se sustituye por convenciones marxista de las relaciones personales en sociedad.

El otro punto del plan de acción común es el económico. Los aliados deben comprometerse a trabajar conjuntamente en el fortalecimiento de un sistema que garantice la libertad de mercado, que abogue por un Estado austero, eficiente y no clientelar. El planteamiento de políticas concretas para cumplir estos objetivos que se acaban de trazar va a depender de las peculiaridades y necesidades de cada país, pero deberían pilotar alrededor de estas ideas generales.

¿Cómo la izquierda iberoamericana está destruyendo la democracia? Estrategias

Ideología y política van de la mano. Por eso la estrategia de la izquierda marxista es, hasta cierto punto, efectiva. Por un lado, han logrado establecer marcos y espacios ideológicos como el Foro de São Paulo o el Grupo de Puebla. Estos son instrumentos útiles también cuando están en la oposición. Una vez en el gobierno, las estrategias se concentran en las instituciones del Estado, las cuales usan para conseguir su fin. Dos ejemplos claros son el intento de reforma constitucional en Chile en 2022 y la reforma de la Ley Electoral mexicana que plantea Andrés Manuel López Obrador. Los casos extremos son las dictaduras o los gobiernos autoritarios de Cuba, Venezuela o Nicaragua.

Batalla ideológica: de la escuela de Frankfurt al Foro de São Paulo

Hay que remontarse a la caída del muro de Berlín en 1989 para entender por qué nace el Foro de São Paulo y cuál es su trasfondo ideológico que, a su vez, se remonta a 1923 en la universidad Goethe de Frankfurt, en Alemania. En el Instituto de Estudios Sociales se empezaron a desarrollar ideas marxistas hasta que los nazis lo cerraron 10 años después, en 1933. Fue entonces cuando la "escuela de Frankfurt" se trasladó a la universidad de Columbia en Nueva York. Y, con ellos, llegaron las raíces marxistas radicales al corazón de las universidades y de la sociedad estadounidense. Su propagación por el resto del continente americano era ya sólo cuestión de tiempo. La contaminación marxista sería después irreversible[1].

La escuela de Frankfurt dejaba a un lado los postulados más económicos del marxismo. Su objetivo era más profundo. Dio una interpretación marxista a comportamientos y características propias de la naturaleza humana: la identidad o las relaciones sociales y familiares. Herbert Marcuse fue el filósofo que asentó los razonamientos de la escuela de Frankfurt en Estados Unidos[2]. Su teoría crítica de la liberación individual ponía sobre la mesa la ruptura del consenso social entre el individuo y lo que lo hacía humano. Según Marcuse en 'Eros y civilización' (1955), "el objetivo de la revolución no ha de ser meramente la sustitución de la clase dominante por otra, sino

---

1 Frankfurt School and Critical Theory | Internet Encyclopedia of Philosophy. (s. f.). https://iep.utm.edu/critical-theory-frankfurt-school/
2 Herbert Marcuse (Stanford Encyclopedia of Philosophy). (2019, 10 abril). https://plato.stanford.edu/entries/marcuse/

el nacimiento de un nuevo hombre"[3]. Pero no hay hombre nuevo, el alma es la base que persiste incluso más allá del cuerpo, no hay forma de quitarle al hombre todo lo que le hace hombre y darle nuevos atributos. El decir que sí se puede, deshumaniza al hombre, y eso es precisamente lo que ha pretendido hacer este nuevo marxismo existencial que se afianzó en la izquierda iberoamericana desde finales de siglo XX.

Con la caída del muro de Berlín, la desintegración de la Unión Soviética y, con la tercera generación de la escuela de Frankfurt ya infiltrada en la mentalidad estadounidense, el comunismo iberoamericano tuvo que buscar una forma de sobrevivir en un momento de crisis. Se había demostrado que el comunismo como modelo económico era un fracaso. La solución pasaba por un comunismo socio-existencial y por presentarse a las elecciones, a partir de ese momento, con propuestas populistas difíciles de rechazar por un pueblo sumido en la pobreza y la corrupción. Una vez en el gobierno, se revelaba la verdadera agenda comunista que buscaba colectivizar a una sociedad a la que, primero, había que alienar racionalmente. Y así nació el Foro de São Paulo con el impulso de Fidel Castro y una nueva generación de líderes de izquierda en Iberoamérica. Después, en el verano de 2023 y, en plena propagación de una enfermedad democrática en el continente, el presidente de Brasil, Luiz Inácio Lula da Silva, rescató la esencia de Marcuse y la escuela de Frankfurt en un discurso que buscaba romper los lazos del hombre con parte de su propia esencia, incluso con la familia.

Decía el presidente de Brasil que la derecha ha podido tener más facilidades que la izquierda para implantar su discurso, "con un discurso fascista". A lo que añadía a continuación: "Aquí en Brasil nos enfrentamos a un discurso de costumbres, a un discurso de familia, un discurso de patriotismo. Aquí nos enfrentamos a un discurso que la gente tiene que, históricamente, aprender a combatir". Por consiguiente, la defensa de la familia es vista por la izquierda radical como un elemento fascista y, si su objetivo es combatir todo lo fascista, lo es también luchar contra el concepto tradicional de familia. Pero ¿por qué atacar a la familia? Si esta es vista como organización capitalista, hay que eliminarla por los propios fundamentos marxistas, como señaló una investigadora de The Heritage Foundation, Brenda Hafera, en una ponencia enmarcada en el programa The Young Leaders Program.

El capitalismo se basa en la tenencia de propiedad privada y con la riqueza y la propiedad llega la herencia. La familia se convierte también en una organización capitalista en el momento en el que los hijos, y no la masa -el proletariado- heredan la riqueza y las propiedades de sus padres. De ahí que un matrimonio y una familia, se convierta en una institución que, naturalmente, prolonga la vida del sistema capitalista. Visto desde ese punto, va contra la esencia marxista[4]. Del razonamiento de Lula da Silva, catalogando un discurso de defensa de la familia como fascista, se deduce que para él la familia es una institución en la que no prima la autonomía de un hombre por encima del bien común de la familia. A lo que se suma un ataque implícito al valor humano y existencial que tiene el seno familiar en la formación de la persona. Si no hay familia que lo eduque, el Estado se ocupa y esa es la puerta abierta al adoctrinamiento ideológico.

---

3   Basallo, A. (2024, 6 febrero). Raíces y referentes filosóficos de la cultura woke - Nueva Revista. Nueva Revista. https://www.nuevarevista.net/raices-y-referentes-filosoficos-de-la-cultura-woke/

4   Thompson, K., & Thompson, K. (2023b, octubre 4). The Marxist Perspective on The Family - ReviseSociology. ReviseSociology - A level sociology revision - education, families, research methods, crime and deviance and more! https://revisesociology.com/2014/02/10/marxist-perspective-family/

Asimismo, el orgullo comunista se retroalimenta de un sentimiento, ya no solo anticapitalista, sino profundamente antiestadounidense. En la inauguración del Foro de São Paulo, el mandatario brasileño se mostró muy orgulloso de que le llamen comunista: "no nos ofende que nos llamen comunistas, nos ofendería que nos llamasen nazis, o fascistas, o neofascistas"[5]. Según El Libro Negro del Comunismo 65 millones de personas murieron por el régimen comunista en China, 20 millones en la Unión Soviética, 2 millones en Corea del Norte, 2 millones en Cambodia, 1.7 millones en África, 1.5 millones en Afganistán, 1 millón en Europa del este, 1 millón en Vietnam, 150.000 en Iberoamérica y 10.000 más en regiones donde el partido comunista no estaba en el poder. En total, en el mundo, hay casi 100 millones de víctimas del comunismo. Lula da Silva dice que no es un insulto ser llamado "comunista". El nazismo mató a 6 millones de judíos, unos 20 millones de personas en total sumando a los soviéticos y otras minorías[6].

Pese a la claridad y el trasfondo político de estos mensajes, el Foro de São Paulo no recibió apenas atención mediática ni en Estados Unidos ni en la Unión Europa. Lo opuesto sucedió en Iberoamérica, donde los canales de televisión oficiales de regímenes como el cubano o el venezolano hicieron una retransmisión exhaustiva del evento y del discurso de Lula. Lo hizo TeleSur, el Granma o Prensa Latina. Además de las connotaciones ideológicas del Foro, en términos geopolíticos pretendió consumar la alineación de Iberoamérica con China a través de un profundo sentimiento antiestadounidense. Estados Unidos, en resumen, es el enemigo capitalista que hay que batir y China el socio para hacerlo. Diplomáticos chinos participaron en la inauguración del Foro, de la misma forma que asistieron después a otro escenario de propagación ideológica marxista: el Grupo de Puebla.

Batalla ideológica: el Grupo de Puebla

España, "la madre patria", no solo es una fuente de inspiración sociocultural para sus antiguos territorios. En términos políticos, la izquierda y el populismo de izquierdas español ha sabido construir lazos más fuertes con Iberoamérica que el centroderecha. La mente detrás de esa exportación ideológica es el expresidente del gobierno español, José Luis Rodríguez Zapatero.

José Luis Rodríguez Zapatero (PSOE) con Raúl Castro (EFE / El País), con Evo Morales (Panam Post) y Hugo Chávez (EFE)

---

5   El presidente brasileño, Luiz Inácio Lula da Silva, en la apertura de la 26 edición del Foro de Sao Paulo el 29 de junio de 2023, afirmó que le enorgullece y no lo ofende el calificativo comunista.

6   ¿A cuántas personas asesinaron los nazis? (s. f.-b). https://encyclopedia.ushmm.org/content/es/article/documenting-numbers-of-victims-of-the-holocaust-and-nazi-persecution

El Grupo de Puebla nació en un chat de WhatsApp que lideró Zapatero después de congeniar con Hugo Chávez personal y políticamente. Chávez, por ejemplo, fue señalado en 2012 por Human Rights Watch por abuso de poder en Venezuela y por incurrir en violaciones de derechos humanos en el país. El informe de 2012 documenta cómo el gobierno chavista acumuló poder para "intimidar, censurar e iniciar acciones penales contra críticos de su gestión y aquellos que considera opositores en una variedad de casos vinculados con el poder judicial, los medios de comunicación y la sociedad civil"[7], sentencia el documento de 133 páginas. Según el entonces director para las Américas de Human Rights Watch, José Miguel Vivanco, "durante años, el presidente Chávez y sus partidarios han seguido construyendo un sistema que le da vía libre al gobierno para amenazar y castigar a los venezolanos que interfieran en su agenda política"[8].

Pese a las advertencias de organismos internacionales, el ideario marxista, chavista y castrista, fue implementado en el Grupo de Puebla, una organización que agrupa a 150 políticos y académicos de 18 países[9]. Entre sus miembros están políticos condenados por corrupción como Cristina Fernández de Kirchner o Rafael Correa. Sin embargo, esto no parece condicionar a la izquierda que se autoproclama enemiga de la corrupción. La izquierda marxista tiene un objetivo, y lo expresó con claridad en la reunión de verano del Grupo de Puebla Rafael Correa, el expresidente de Ecuador, "estamos en un momento de disputa y la unidad es más necesaria que nunca". Pero mientras el Foro de São Paulo ha optado por establecer una batalla cultural más ideológica, en los discursos del Grupo de Puebla se ha evidenciado otro frente que va a seguir abierto en Occidente: el asentamiento de China -político y económico- en toda Iberoamérica.

Correa insistía en "desdolarizar" la economía de la región y Delsy Rodríguez (vicepresidenta de Venezuela con Nicolás Maduro) recalcaba en esa misma idea mientras saludaba el embajador de China en México. Para el marxismo iberoamericano, hay una "guerra cognitiva contra su región" y la manera de "progresar" es aliándose con China para enterrar el dólar y plantarle cara a su enemigo: Estados Unidos y su sistema capitalista. Evo Morales, por ejemplo, utilizó sus 5 minutos de discurso en la reunión de verano del Grupo para explicar por qué el imperialismo es sinónimo de "imperio del mal". Porque "desde el imperio atentan contra la humanidad". Y, pese al calado de estos mensajes, los medios en Estados Unidos y la Unión Europea han decidido no darle la relevancia mediática que tiene. Son mensajes que se han sabido propagar por Iberoamérica, pero no se han sabido combatir desde el resto de Occidente. Detrás, en el fondo, están las ideologías y prácticas totalitarias.

7   Venezuela: Concentración y abuso de poder con Chávez. (2020, 28 octubre). Human Rights Watch. https://www.hrw.org/es/news/2012/07/17/venezuela-concentracion-y-abuso-de-poder-con-chavez

8   Venezuela: Concentración y abuso de poder con Chávez. (2020, 28 octubre). Human Rights Watch. https://www.hrw.org/es/news/2012/07/17/venezuela-concentracion-y-abuso-de-poder-con-chavez

9   Montero, A. (2023, 26 marzo). El Grupo de Puebla, bastión de charlatanes, condenados y prófugos. El Debate. https://www.eldebate.com/internacional/latinoamerica/20230326/grupo-puebla-bastion-charlatanes_103159.html

Cuba, Venezuela y Nicaragua: las dictaduras y los gobiernos autoritarios

El panorama político en la región se completa con los gobiernos autoritarios que todavía se mantienen en pie: el más longevo del continente es el de Cuba, pero también los de Venezuela y Nicaragua. Tras independizarse de España en 1898 y desligarse de Estados Unidos en 1959, Cuba entró en una deriva autoritaria y dictatorial que mantiene hoy a la isla como uno de los países con menor capacidad económica. Según el ranking de libertad económica de The Heritage Foundation, en 2023 Cuba está en el puesto 175 con una puntuación de 24.3 (5 puntos menos que al año anterior). La media regional es de 58.6 y la media mundial de 59.3 puntos. Además, es el país de todo el continente americano con menos libertad económica y de mercado[10].

Cuba ha logrado mantener un comunismo prácticamente extinto en el resto del mundo gracias a una campaña ideológica pensada a largo plazo. Esa es una de las diferencias entre la izquierda marxista y gran parte de los conservadores democráticos. El comunismo no se implanta pensando en ciclos electorales, sino en la idiosincrasia de una nueva sociedad a través de la educación, sus relaciones sociales y su forma de sobrevivir económicamente. La alienación existencial e intelectual es la llave para el crecimiento de la semilla extremista. Y para sembrarla, hay que anular todo tipo de libertad individual en términos de propiedad. Lo público es lo moldeable ideológicamente. La falta de opciones para elegir y la apropiación cultural de la educación es la forma de crear sociedades anestesiadas que confían ciegamente en su Estado.

Fidel Castro y su revolución hizo de la educación su prioridad tras 1959. Alfabetizó a toda la población. A priori, nada criticable, pero el contenido de los programas educativos del sistema cubano es más consistente con el modelo de propaganda que con una descripción correcta de la historia. En los libros de historia que edita el régimen cubano hay un claro sesgo ideológico a la hora de explicar los procesos históricos que tuvieron lugar entre 1898 y 1959. La historia, si bien es cierto, no tiene una narración absolutamente objetiva porque todo conflicto es una realidad poliédrica. Pero, en los libros de historia de secundaria y bachillerato en Cuba, Estados Unidos es descrito como el cruel señor imperialista que se ha propuesto como objetivo acabar con la isla, con la independencia y con la libertad de los cubanos. Con un sistema educativo a disposición del régimen, la libertad de expresión quedó enterrada. El comunismo invirtió en tener una agencia de inteligencia fuerte que pudiese reprimir cualquier intento de agrupación en virtud de la libertad de expresión, un derecho que es todavía violado por el régimen.

Además, el país vive en una crisis alimentaria sostenida en el tiempo. Tras la pandemia, la carestía se ha agudizado hasta niveles que no se veían en la isla desde el "período especial" después de la desintegración de la Unión Soviética. Como entonces, el suministro de alimentos en Cuba no es suficiente para abastecer a la

---

10 The Heritage Foundation. (s. f.). Index of Economic Freedom | The Heritage Foundation. Index Of Economic Freedom | The Heritage Foundation. https://www.heritage.org/index/

población. El último informe de Human Rights Watch sobre la violación de derechos en Cuba destaca cómo esta crisis económica está impactando gravemente en los derechos sociales y económicos de los cubanos[11].

El Sistema Mundial de Información y Alertas sobre la Alimentación y la Agricultura (GIEWS, por sus siglas en inglés) calcula que la superficie sembrada en Cuba sigue en 2023 por debajo de los niveles promedio. El alimento básico e imprescindible en la dieta cubana es el arroz y este es uno de los cultivos más afectados por la falta de fertilizantes químicos. En 2023, según la FAO (Fondo de Naciones Unidas para la Alimentación y la Agricultura), sólo se ha podido sembrar arroz en 68.000 hectáreas de las 200.000 estimadas en total para el año.

A los problemas económicos se suma la persecución política, especialmente después de las protestas de julio de 2021. La respuesta del régimen al legítimo derecho de los cubanos a manifestarse pacíficamente fue una represión histórica: detenciones arbitrarias, juicios exprés sin garantías jurídicas suficientes o incluso prácticas violentas, según Human Rights Watch. Y, precisamente, esta violación de derechos viene emparejada con la falta de libertad de expresión en la isla. El régimen controla todos los medios de comunicación, la información y el contenido de entretenimiento que difunden. No fue hasta el 6 de diciembre de 2018 que internet fue accesible para los ciudadanos cubanos desde la red móvil. El acceso a la red y a sus contenidos se había restringido durante décadas en la isla en un intento de seguir alienando a la población. Sobre esa base social de negatividad por un futuro distinto en el país, incierto y opuesto al que conocen, es difícil el éxito de una oposición robusta capaz de derrocar a una dictadura que ha sabido sembrar el miedo en su población. Otra vez, la izquierda radical comunista sobrevive por las raíces, porque su estrategia nunca ha sido a corto plazo, sino un proyecto social lento y progresivo que va erosionando el terreno moral sobre el que se expande la plaga ideológica.

El de Cuba es el ejemplo más ilustrativo de los regímenes dictatoriales del continente, pero no el único. Hugo Chávez llegó al poder en Venezuela en 1998 y con él empezó la transformación autoritaria del país. Discípulo de Fidel Castro, logró formar con el líder cubano un eje marxista en la región desde principios del siglo XXI. Chávez ganó las elecciones prometiendo una profunda reestructuración política en un momento complicado. Los venezolanos ya no creían en los partidos tradicionales y seguía presente todavía la angustia por el "Caracazo" en 1989, las protestas y los saqueos que dejaron cientos de muertos según cifras oficiales, miles según otros estudios independientes[12].

Chávez era el joven militar que llegaba para cambiar ese rumbo, pero su dirección llevó a un destino desastroso en términos de respeto a los derechos humanos y al estado de derecho. A priori, algunas de sus medidas devolvieron cierta tranquilidad al país, pero otras tenían un profundo calado totalitario. El hombre que intentó llegar al poder con un golpe de estado que fracasó, una vez en la presidencia por medios democráticos, decidió eliminar el Senado para hacer una especie de limpia en las instituciones. 2002 fue, en todo caso, el año en que Venezuela entró de lleno en el totalitarismo, y lo hizo por el miedo de Chávez. En 2002 la

11 Cuba. (2022, 13 enero). Human Rights Watch. https://www.hrw.org/es/world-report/2022/country-chapters/cuba

12 Maya, M. L. (2003). The Venezuelan Caracazo of 1989: Popular Protest and Institutional Weakness. Journal Of Latin American Studies, 35(1), 117-137. https://doi.org/10.1017/s0022216x02006673.

crisis económica era profunda y el pueblo salió a la calle. Las revueltas -y el intento de saqueo de la residencia presidencial venezolana- llevaron a Chávez a ordenar la intervención de los militares. Pero él fue el que terminó detenido y sustituido por un presidente interino. Sin embargo, lo golpistas fueron demasiado lejos muy rápido y la moneda volvió a girar. Nuevas manifestaciones devolvieron a Chávez al poder y a partir de ahí se blindó a sí mismo con alianzas internacionales como la de Fidel Castro.

A partir de entonces, todo lo que Chávez viese como oposición política o económica, sería reprimida porque ante sus ojos era un ataque directo al proyecto que él defendía. Así se polarizó la política y el presidente venezolano emprendió un camino para tener de su lado a las fuerzas militares. Tras la muerte del líder venezolano en 2013 llegó al poder Nicolás Maduro, último vicepresidente de Chávez. Dispuesto a seguir llevando a cabo la agenda comunista de su mentor y antecesor, Maduro mantuvo las alianzas con Cuba y con el resto de los movimientos y líderes marxistas de la región.

Su fórmula económica para responder a la crisis que atravesaba el país era imprimir dinero. Tras la continua caída de las exportaciones, Maduro decidió imprimir aún más dinero y la inflación que generó su respuesta fue hundiendo económicamente al país en una pobreza que no se corresponde con el nivel de riqueza natural del país. Venezuela tiene la mayor reserva de petróleo del mundo (más de 300.000 millones de barriles) y, pese a eso, no logra producir todo lo que podría. En un día, tan sólo produce una décima parte de la producción diaria de Estados Unidos, según la Agencia Internacional de la Energía.

Ante el hartazgo por la crisis económica y el aumento de la delincuencia en el país, el 12 de febrero de 2014, la oposición venezolana encabezó unas protestas multitudinarias. El líder opositor, Leopoldo López, fue arrestado 6 días después acusado de conspiración. Dos días más tarde el régimen de Maduro consumaba su persecución a los periodistas internacionales y a la libertad de prensa revocando la acreditación de los periodistas de la CNN, por ejemplo. Y a finales de ese año, Barack Obama, entonces presidente de Estados Unidos, imponía sanciones a Venezuela por no respetar los derechos humanos y civiles reconocidos en la carta de Naciones Unidas.

Pero el colapso democrático de Venezuela llegó en 2015, dos años después de la muerte de Chávez. Las elecciones legislativas llevaron a la oposición a hacerse con el control de la Asamblea Nacional. Con la oposición en "control" del poder legislativo, empezó la guerra de poderes, primero con el ejecutivo y después con el judicial, al servicio del gobierno. En mayo de 2016 Maduro declara el estado de emergencia constitucional y en 2017 el Tribunal Supremo de Justicia falla a favor de sacar a la oposición del poder en la Asamblea, aunque después se vio obligado a recular por la fuerte presión social e internacional. El siguiente paso de Maduro para intentar imponer su voluntad por encima del mandato democrático de la sociedad fue crear una nueva institución hecha a medida para blindarlo a él: la Asamblea Constituyente. El organismo era un sustituto de la Asamblea Nacional que había quedado en manos de la oposición tras las elecciones.

Ante la incontrolable inestabilidad política de su gobierno, Maduro convoca elecciones en 2018 (falsas, según el entonces secretario de Estado de Estados Unidos, Mike Pompeo). El heredero político de Chávez ganó con el 68% de los votos de acuerdo con el recuento de los medios e instituciones estatalistas. La cronología continúa y en 2019 el presidente de la Asamblea Nacional, Juan Guaidó, se declara a sí mismo presidente interino de Venezuela, una decisión que respaldó Estados Unidos y unos 50 países más. En este punto, la enumeración cronológica de los acontecimientos que han marcado la historia de Venezuela hasta este punto no es simplemente una descripción del relato histórico, es una representación tangible de los tentáculos de un régimen que no ha llegado a ser totalmente una dictadura, pero que es indiscutiblemente autoritario y poco democrático. De facto, este camino político represivo ha venido acompañado del manual de instrucciones para comunistas. En ese "manual" quedan detallados los derechos humanos y civiles que hay que violar para poder establecer un régimen que se disfraza de "salvador del bien común y la igualdad de clases".

El objetivo es perpetuarse en el poder con la excusa de que es la mejor forma de fortalecer un Estado que va a defender a todos los ciudadanos, a los más vulnerables. El sistema "diosifica" al Estado y, por consiguiente, blinda a su representante ante los ciudadanos: al presidente o mandatario. Para controlar una sociedad, primero hay que extirparle todas sus ataduras morales (como la religión). Por eso vemos casos de persecución religiosa en países como Nicaragua o, recientemente, Cuba. Cuando a una sociedad creyente le quitas la capacidad de practicar su fe y secularizas sus costumbres, puedes reemplazar su guía moral por "papá Estado". Es este quien va a velar por ellos y protegerlos frente a todo, por consiguiente, dejas a esa sociedad vulnerable y dispuesta a aceptar lo que sea que el Estado (o su representante) considere políticamente correcto. Es el adoctrinamiento de la mente para vaciarla de moralidad y capacidad crítica.

Así se ha llegado en Venezuela, en Cuba o en Nicaragua -que se analizará a continuación- a la represión de la disidencia, la violación a la libertad de expresión y de reunión, a ejecuciones extrajudiciales, detenciones arbitrarias y a la destrucción política de la oposición. Esos son los medios para conseguir la alienación de la sociedad. En Venezuela, por ejemplo, sigue la cruzada del gobierno contra cualquier tipo de oposición legítima. Eso es lo que está haciendo Maduro con la opositora de centroderecha, María Corina Machado, sancionada hasta 2030 e inhabilitada para ejercer un cargo público. Ni ella ni Estados Unidos creen legítima esa sanción y espera poder presentarse a unas elecciones contra el madurismo y el chavismo gracias a la mediación de actores políticos como Estados Unidos.

Nicaragua es otro ejemplo de autoritarismo en la región y, por consiguiente, de persecución a la oposición política. En la historia reciente del país, el presidente Daniel Ortega ha conseguido convertir su mandato en un régimen autoritario y personalista. En 2014, la mayoría parlamentaria del Frente Sandinista de Liberación Nacional aprobó en la Asamblea Nacional la modificación de decenas de artículos constitucionales y avaló la reelección indefinida del presidente. Sin límite legal y temporal para poder presentarse a unas elecciones, el presidente de Nicaragua se está blindando a sí mismo en una postura que, de facto, termina siendo totalitaria porque mata la competencia leal con la oposición. Rompe con la esencia democrática de un proceso representativo en igualdad de condiciones, sobre todo a nivel estructural y de recursos para afrontar una campaña electoral.

En 2018 el mandatario Daniel Ortega llevó a cabo una reforma del sistema de seguridad social por el que los trabajadores tendrían que pagar un 7% de su salario (hasta entonces aportaban un 6,25%), los empresarios 22,5% (frente al 19% que estaban pagando hasta ese momento) y, además, los jubilados tendrían que pagar un 5% de su pensión[13]. Esta decisión provocó una fuerte respuesta social con manifestaciones y consiguientes abusos de la fuerza y la intervención de las milicias del régimen. Al finalizar el año, unas 400 personas habían muerto en las protestas[14]. Con este antecedente, y con la llegada de la pandemia por el coronavirus, se impuso en el país la censura y, sobre todo, la autocensura. El miedo a la represión y la cancelación silenció a buena parte de la base social de la oposición nicaragüense.

En 2021 llegaron las elecciones y 14 candidatos opositores a Daniel Ortega fueron inhabilitados o encarcelados. Uno de esos candidatos apresados fue Félix Maradiaga, que estuvo en prisión hasta el 10 e febrero de 2023 cuando el régimen de Ortega liberó a 222 presos políticos (Maradiaga entre ellos) y los subió a un avión con destino Estados Unidos, pero como apátridas. Una vez en Estados Unidos, España se ofreció a otorgarle la nacionalidad a esos presos políticos. Maradiaga sigue haciendo oposición, pero desde la difusión intelectual fuera de Nicaragua. "La batalla principal es la de las ideas", comentaba, "y estamos perdiendo la batalla porque estamos perdiendo la narrativa". Explicaba Maradiaga en el encuentro de "Frontlines of Freedom. Combating Transtational Repression" en Washington D.C. en noviembre de 2023 que la izquierda iberoamericana ha sabido pensar a largo plazo y no en ciclos electorales porque "quieren crear un nuevo mundo". Para contrarrestar eso, Maradiaga ha pedido que Estados Unidos se sacuda la culpa de haberse olvidado de Iberoamérica y se implique en su completa maduración democrática porque los elementos marxistas del autoritarismo ya están llegando a la sociedad y las instituciones estadounidenses.

México: reforma político-electoral

Andrés Manuel López Obrador (AMLO) quiere cambiar la base del poder democrático: la ley electoral. Su primera propuesta para modificar el funcionamiento del sistema electoral mexicano suponía el cambio de 18 artículos constitucionales y 7 leyes transitorias[15]. El presidente de la república está dispuesto a desmantelar el Instituto Nacional Electoral, un organismo que se creó para velar por la imparcialidad y el buen desarrollo de los procesos electorales en México. La reforma, por tanto, no es electoral. Es política. La consecuencia de la aplicación de las medidas que se analizan a continuación es quitarle autonomía al organismo que organiza los comicios para que el proceso electoral vuelva a recaer, en gran medida, en la secretaría de Gobernación, como en los años 80, antes de la maduración democrática del país.

13 Angela Bonachera. (2018, 21 abril). ¿Qué ocurre en Nicaragua? Claves para entender la reforma del Seguro Social. CNN. https://cnnespanol.cnn.com/2018/04/20/tres-muertos-por-protestas-en-nicaragua-que-ocurre-claves-para-entender-la-reforma-del-seguro-social/

14 Nicaragua, una deriva autoritaria que se confirma | Universidad del Rosario. (s. f.). Universidad del Rosario. https://urosario.edu.co/revista-nova-et-vetera/columnistas/nicaragua-una-deriva-autoritaria-que-se-confirma

15 Yáñez, B. (2023, 13 mayo). Las claves de los planes «A», «B» y «C» de AMLO a favor de una reforma electoral. ADNPolítico. https://politica.expansion.mx/mexico/2023/05/13/las-claves-de-los-planes-a-b-y-c-de-amlo-a-favor-de-una-reforma-electoral

Fue un instituto electoral autónomo lo que devolvió a México la normalidad democrática después de décadas con el régimen de partido único. La transformación es política porque lo que busca es cambiar, de una forma lo suficientemente radical, el sistema de representación democrática bajo una idea difícil de rebatir: abaratar los costes del aparato estatal y democrático y ahorrar hasta 15.000 millones de pesos mexicanos.

El artículo 41 de la reforma electoral proponía suprimir los Institutos Electorales Locales, los organismos que garantizan y organizan los procesos electorales a nivel local, los más cercanos al ciudadano cuando ejerce su derecho al voto. Asimismo, la primera propuesta de reforma contemplaba la desaparición de los Tribunales Electorales Estatales para otorgarle todo el poder de vigilancia judicial a un único tribunal, el Electoral del Poder Judicial. El modelo de elección sería popular.

Andrés Manuel López Obrador proponía que los jueces de dicho tribunal fuesen elegidos por el pueblo. Y esto deja varios puntos a considerar. Primero: la mayoría de los ciudadanos en edad de votar no tienen la preparación necesaria para saber si un juez u otro es el más cualificado para el puesto. Segundo: obligar a los jueces a hacer "campaña electoral" no despolitiza la justicia, sino todo lo contrario. La reforma se resume en un cambio drástico, pues, en el sistema de elección, la disminución de 11 a 7 consejeros electorales y la eliminación de la financiación a los partidos políticos para realizar su actividad ordinaria cuando no hay campaña electoral. Y dado que estos planteamientos requerían cambiar decenas de artículos constitucionales, era necesaria una mayoría de dos tercios para efectuar las modificaciones. El 6 de diciembre de 2022, el pleno de la Cámara de Diputados rechazó la medida. Era momento, entonces, de pasar al plan B.

Plan B

Tras el fracaso de una reforma constitucional para debilitar el organismo que vela por el correcto funcionamiento de la democracia electoral, AMLO presentó una nueva batería de propuestas que no requerían un cambio en la Carta Magna del país. En noviembre de 2022 el presidente de la República presentó las reformas de leyes secundarias que quería hacer para, según explicó, abaratar el coste de las elecciones en México y evitar fraudes. La propuesta contemplaba entonces cambiar 6 leyes secundarias, para lo cual no era necesaria la mayoría de dos tercios en el Congreso de la nación. Las normas en cuestión eran: Ley General de Instituciones y Procedimientos Electorales, Ley General de Partidos Políticos, Ley General del Sistema de Medios de Impugnación en Materia Electoral, Ley General en Materia de Delitos Electorales, Ley Federal de Consulta Popular y la Ley General de Comunicación Social[16].

---

16   Yañez, B. (2023, 13 mayo). Las claves de los planes «A», «B» y «C» de AMLO a favor de una reforma electoral. ADNPolítico. https://politica.expansion.mx/mexico/2023/05/13/las-claves-de-los-planes-a-b-y-c-de-amlo-a-favor-de-una-reforma-electoral

El plan B de Andrés Manuel López Obrador seguía apostando por una reducción del personal del INE, sobre todo del personal administrativo y de sus oficinas locales; además, la salida del 84,6% del Servicio Profesional Electoral Nacional[17]. De esta forma, el sistema quedaría desprovisto de personal capacitado y entrenado para organizar un proceso electoral desde la base local.

En el aspecto político de la reforma, el borrador permitía que en una coalición de partidos se distribuyesen y se repartiesen votos entre las formaciones para que las de peores resultados pudiesen mantener cierta influencia parlamentaria, a pesar de que los ciudadanos con sus votos no se la hayan otorgado. Por tanto, esta posibilidad altera directamente el sentido del voto de los ciudadanos, anula la definición de democracia porque un pacto político puede darle poder a un partido sin que los electores lo hayan consentido. Es una ruptura del contrato social democrático que se firma el día de las elecciones.

Esta práctica ya había sido desmantelada en México por orden de la Corte Suprema de Justicia. Era la "cláusula de la vida eterna" y recuperarla suponía modificar el artículo 12 de la Ley General de Instituciones y Procedimientos Electorales. El objetivo era evitar la desaparición de un partido, independientemente de su resultado en las urnas porque se podían traspasar votos entre distintos grupos para evitar que el partido más pequeño despareciese del sistema o se quedase sin fondos asignados para su actividad ordinaria o campañas. Para la oposición, para el senador del PAN, José Alfredo Botello, el partido del presidente quiere "robarse la elección presidencial del 2024", repartiendo votos en una coalición[18]. El Senado no llegó a aprobar esta cláusula, pero el resto de la reforma, sí.

El revés para los planes de Andrés Manuel López Obrador llegó desde la calle y, en 2023, desde la Corte Suprema de Justicia. Decenas de miles de personas se manifestaron en México el 26 de febrero de 2023 con pancartas llenas de lemas como: "El INE no se toca" o "Mi voto no se toca". Todos vistieron de blanco y rosa, los colores del organismo electoral amenazado por AMLO, y llenaron el Zócalo, la principal plaza de México de más de 20.000 metros cuadrados.

Fuente: CNN

Fuente: El País

17 Cámara de Diputados. 2022. Análisis de texto vigente y texto propuesto de la iniciativa de reforma constitucional propuesta por el Ejecutivo Federal

18 Latinus, & Latinus. (2023, 23 febrero). Senado aprueba el plan B electoral de AMLO sin la "cláusula de vida eterna" para los partidos políticos. Latin US. https://latinus.us/2023/02/22/senado-plan-b-electoral-amlo-sin-clausula-vida-eterna-partidos-politicos/

Organizaciones detractoras de AMLO se unieron bajo las siglas del Frente Cívico Nacional para intentar inclinar la balanza en la lucha por el apoyo de la opinión pública. En paralelo, se agudizó la lucha judicial y México presenció una guerra de poderes: el ejecutivo atacando al judicial por hacer cumplir la ley. En 2023, el ministro instructor del caso en la Suprema Corte de México, Javier Laynez, impulsó la paralización temporal de una parte del Plan B del presidente mexicano porque "se trata de la posible violación a los derechos político-electorales de la ciudadanía"[19].

La respuesta del presidente, en contra de la sana separación de poderes, fue: "pensaba que podíamos mejorar el poder Judicial, pero no, está podrido", aseguró AMLO en su comparecencia matutina del 9 de mayo de 2023[20]. En junio llegó la respuesta final. Por mayoría la Corte Suprema mexicana invalidó la reforma electoral del presidente de la república por violar el proceso democrático. El tribunal coincidió con la oposición y determinó que el gobierno no había dado tiempo suficiente a los parlamentarios para leer la reforma y determinar su voto en la sesión que debía aprobarla o rechazarla en la cámara. Por consiguiente, el ejecutivo maniobró para burlar el control del parlamento sobre sus leyes y violar el procedimiento democrático.

Pero que estos cambios no se hayan llegado a implantar todavía no significa que la izquierda haya perdido su capacidad para intentar controlar y cambiar las instituciones democráticas. Simplemente la propuesta es ya una llamada de atención de lo que pueden llegar a hacer con los propios mecanismos del Estado para neutralizar a una sociedad democrática con capacidad crítica. AMLO fue a por una reforma electoral, pero Gabriel Boric hasta la base del sistema de convivencia democrática: la Constitución.

Chile: intento de reforma constitucional en 2022

"Chile es un Estado social y democrático de derecho. Es plurinacional, regional y ecológico" (capítulo I, artículo 1). Así empieza la Constitución chilena; y continúa: "su democracia es inclusiva y paritaria". Así define a la República de Chile el borrador de constitución elaborado por la izquierda. El texto vigente desde 1980 solo necesitó dos palabras para definir a Chile: "república democrática". La paridad recogida en la definición del país marca las intenciones del texto. El borrador avanza en la paridad y establece que las mujeres deben ocupar, al menos, el 50% de los puestos en los órganos del Estado (capítulo I, artículo 6). Se destruye el concepto 'meritocracia' y se sustituye por la cuota ideológica.

Mientras que la primera ola del feminismo de 1848 fue la de las "sufragistas", la de las mujeres que lucharon por el derecho al voto, la segunda ola ya en el siglo XX buscaba la equidad salarial y las mismas oportunidades laborales para hombres y mujeres. La radicalización del movimiento que hoy conocemos llegó con la tercera ola feminista,

---

19 Un juez suspende el "Plan B" de la reforma electoral del presidente López Obrador. (2023, 26 marzo). Telemundo McAllen (40). https://www.telemundo40.com/noticias/mexico/juez-suprema-corte-javier-laynez-suspende-plan-b-reforma-electoral-del-presidente-lopez-obrador-mexico/2272221/

20 Raziel, Z., Raziel, Z., & Raziel, Z. (2023, 9 mayo). López Obrador arremete contra la Corte Suprema tras tumbar el 'plan B': "El Poder Judicial está podrido". El País México. https://elpais.com/mexico/2023-05-09/lopez-obrador-tras-la-decision-de-la-corte-de-tumbar-el-plan-b-el-poder-judicial-esta-podrido.html

absorbida completamente por la revolución sexual de finales del siglo XX. El feminismo se radicalizó y perdió su objetivo original cuando se vinculó a la concepción ideológica y sexual que hizo del aborto un derecho feminista, así como la autodeterminación de género. Siguiendo esta línea, donde para las autoproclamadas feministas ahora el aborto es un derecho de la mujer (a pesar de que las primeras feministas lo rechazaban), el borrador de nueva constitución en Chile pretendía blindar el aborto como un derecho contemplado en la Carta Magna y protegido por ella.

La Constitución de 1980 dice explícitamente que "la ley protege la vida del que está por nacer". En este sentido, la constitución en vigor desde entonces ha puesto en valor la vida desde el momento de la concepción y durante la gestación. En cambio, el borrador de 2022 detalla que "el Estado garantiza su ejercicio sin discriminación [derechos sexuales y reproductivos], con enfoque de género, inclusión y pertenencia cultural; así como el acceso a la información, educación, salud y a los servicios y prestaciones requeridos para ello, asegurando a todas las mujeres y personas con capacidad de gestar las condiciones para un embarazo, una interrupción voluntaria del embarazo, un parto y una maternidad voluntarios y protegidos. Asimismo, garantiza su ejercicio libre de violencias y de interferencias por parte de terceros, ya sean individuos o instituciones" (capítulo II, artículo 61).

Chile pretendía blindar el aborto como derecho constitucional, pese a que la mayoría de la sociedad no defiende esa idea de forma tan radical, aunque se interpreten sesgadamente los resultados de las encuestas. Según el sondeo de junio-julio de 2023 del Centro de Asuntos Públicos de Chile, el 30% cree que el aborto debe ser una opción para las mujeres, en cualquier caso. El borrador de la nueva constitución de 2022 no establece ningún supuesto concreto, más allá de la voluntad de la mujer, para abortar. Por tanto, lo permite en cualquier caso (salvo que se añadan consideraciones posteriores en una ley específica). Por tanto, por aritmética, un 70% de los chilenos no cree que el aborto deba ser una opción para las mujeres bajo cualquier circunstancia, sin analizar la motivación. La izquierda radical se ampara en el dato que el 19% cree que el aborto debe estar siempre prohibido. Por la misma lógica aritmética, supone esto que el 81% está a favor de que no siempre esté prohibido. El factor diferencial es que aquí hay determinadas circunstancias que podrían, desde el punto de vista médico, justificar un aborto en caso de grave enfermedad o riesgo inminentemente para la vida de la madre.

Otro punto "woke" o sesgado por la ideología de género es la definición de madre: "mujeres y personas con capacidad de gestar". Solo las mujeres tienen la capacidad biológica de gestar. Es biológicamente incorrecto diferenciar a una mujer de una persona con la capacidad de gestar. Es sólo una respuesta política a un movimiento que busca vaciar de significado conceptos básicos como lo que significa ser mujer u hombre.

Además, el borrador en cuestión de la Carta Magna eliminaba el Senado, tal y como hizo en su momento Hugo Chávez en Venezuela. En la tramitación y construcción de las leyes, una cámara revisa y valida, o no, las normas que salen del parlamento. La izquierda chilena quería eliminar esa función de revisión y supervisión legal y democrática. Dejar el poder legislativo en manos de una única cámara reduce la calidad jurídica y política del proyecto de ley, que no tiene ningún contrapeso más allá del acuerdo de los diputados.

Según la Constitución de 1980 (capítulo V, artículo 49), son atribuciones exclusivas del Senado: "prestar o negar su consentimiento a los actos del presidente de la República, en los casos que la Constitución o la ley lo requieran". Además, tiene el poder para "declarar la inhabilidad del presidente de la república o del presidente electo cuando un impedimento físico o mental lo inhabilite para el ejercicio de sus funciones; y declarar asimismo, cuando el presidente de la República haga dimisión de su cargo, si los motivos que la originan son o no fundados y, en consecuencia, admitirla o rechazarla". En todo caso, el Senado está diseñado como una cámara de control que la izquierda pretendía hacer desaparecer.

El borrador constitucional rechazado por el 61,9% de la sociedad chilena en 2022 era, además, estatalista ya que, por ejemplo, pretendía eliminar la titularidad privada en la administración del agua, un bien que pasaba a reconocer como inapropiable. Es, por tanto, una constitución marxista que buscar legalizar el ataque a la propiedad privada y la destrucción de los mecanismos del libre mercado al margen de la intervención desmedida del Estado. El fin último, por tanto, es desproteger a la persona, al ciudadano, haciéndolo dependiente, cada vez más, del Estado y de lo que este decida qué es lo mejor para él. Es la colectivización de la persona bajo el falso propósito de conseguir un bien común subjetivo y no consensuado.

El pasado 17 de diciembre, después de cuatro años y dos borradores constitucionales fallidos, el electorado chileno ha decidido volver a mantener en vigencia la muchas veces reformada Constitución de 1980. La votación ha sido clara: 55,76 % se inclinó en contra de la propuesta redactada por un Consejo Constitucional de mayoría de derechas y prefirió quedarse con la Carta diseñada en el régimen de Augusto Pinochet, severamente alterada en 1989 y 2005. Ya el 4 de septiembre de 2022, los chilenos habían rechazado de manera contundente el radical texto propuesto por otra instancia, la Convención Constitucional, dominada por la izquierda.

El doble rechazo constitucional (2022 y 2023) deja atrás un proceso fallido que tuvo su origen en el violento intento de la izquierda por erosionar el orden constitucional y romper con la modélica transición a la democracia, que se produjo en Chile tras el régimen autoritario del General Pinochet.

¿Por qué es necesaria una coalición conservadora España (UE)-Estados Unidos-Iberoamérica?

Los socialistas, marxistas o comunistas han sido históricamente mejores que los conservadores para formar alianzas internacionales y coaliciones por una cuestión básica de principios ideológicos: los conservadores han sido proteccionistas, domésticos, patrióticos en la defensa de la tradición nacional. En cambio, el progresismo ha buscado crecimiento en el globalismo, anulando poco a poco la singularidad de un Estado. Pero, sin caer en ese extremo, es el momento para que los conservadores se alíen entre sí porque los reto y amenazas a los que se enfrentan ya no son domésticos. Son comunes en todo el eje occidental. También en Iberoamérica, especialmente en Iberoamérica, una región olvidada por la Unión Europea y, recientemente, por Estados Unidos.

Potencial económico

De México a Argentina, los recursos naturales que tiene el continente son motivo de atención, cuanto menos, para el resto de Occidente. Iberoamérica puede ser, aún más, un aliado comercial y económico de gran valor para la Unión Europea y Norteamérica. Concentra aproximadamente el 20% de todas las reservas de petróleo del mundo, más del 30% de los bosques primarios y el 25% de metales estratégicos para la fabricación industrial y tecnológica. De hecho, los recursos naturales suponen poco más de la mitad de todas las exportaciones efectuadas en la región. Desde el punto de vista estratégico, Iberoamérica es un buen activo comercial: 65% de las reservas del litio del mundo, el 49% de plata, 44% de las de cobre, 33% de estaño y 22% de las reservas mundiales de hierro[21]. Brasil, por ejemplo, es el segundo país del mundo con más hierro, por detrás de Australia y por delante de China.

La traducción práctica de estas cifras tiene connotaciones, no solo económicas, también geopolíticas. Para minimizar la dependencia occidental de China o Rusia se puede mirar más a Iberoamérica. Con el 65% de las reservas mundiales de litio, la región tiene la capacidad de fabricar baterías, móviles, ordenadores o coches

---

21   Caribe, C. E. P. A. L. y. E. (2013, 1 diciembre). Https://www.cepal.org/es/publicaciones/35891-recursos-naturales-situac. https://www.cepal.org/es/publicaciones/35891-recursos-naturales-situacion-tendencias-agenda-desarrollo-regional-america

eléctricos. Durante, y tras la pandemia, la crisis de fabricación estratégica que se generó con China puede evitarse en un futuro a medio plazo con mayor inversión en la producción iberoamericana. Para ello son necesarias más infraestructuras. Y es precisamente en eso en lo que China le ha tomado la delantera tanto a Estados Unidos como a la Unión Europea. Lo que empezó siendo una influencia económica se va a convertir en una influencia política a las puertas de la frontera con Estados Unidos.

Contención de la injerencia económica de China en Iberoamérica

Desde inicios del siglo XXI China ha invertido de forma consciente en Iberoamérica con un plan económico a largo plazo que Estados Unidos y la Unión Europea han tardado 20 años en entender completamente. La paulatina pero constante inversión china en el continente ha venido acompañada de una negligencia geopolítica por parte de Washington y Bruselas, pero sobre todo por parte de Estados Unidos que optó por no potenciar las relaciones con los países que están debajo de México.

China, en cambio, vio una oportunidad en ese desapego político de Estados Unidos y en 2008 ya sentó las bases de la que sería su estrategia con Iberoamérica en un "libro blanco". El documento habla de forma genérica de fortalecer la cooperación económica, política, cultural, social y también en materia de seguridad y justicia. Hasta entonces, China había sido un socio económico importante, pero en esta especie de "declaración de intenciones" daba un paso más a la futura colaboración política a nivel legislativo y partidista. Es decir, uno de los objetivos de Pekín era aumentar la presencia del Partido Comunista en la región a través de eventos, foros y alianzas. Asimismo, la colaboración se iba a extender entre la Asamblea Popular China y los parlamentos iberoamericanos. Esa alianza política se sigue desarrollando en la actualidad, como se explicó anteriormente en los objetivos del Grupo de Puebla y el Foro de São Paulo.

Por consiguiente, lo que empezó siendo una alianza económica que evolucionó a la política termina siendo una influencia ideológica. Aquí es donde juega un papel fundamental el despliegue que ha hecho China de sus institutos Confucio. A priori, son una plataforma similar al Instituto Cervantes, que busca fomentar el aprendizaje de la cultura china y de la lengua. Pero detrás de ese proyecto está el gobierno chino y, según han denunciado organismos independientes u organizaciones sin ánimo de lucro como Human Rights Watch, esos institutos Confucio censuran temas, contenidos o puntos de vista que van en contra de los postulados que defiende el gobierno chino y el partido comunista. Por tanto, son otro aparato propagandístico de Pekín y, solo en Iberoamérica, hay 44 (además de las 18 clases asociaciones a estos institutos que operan también en secundaria y primaria).

A la inyección de ideología comunista y narrativa china, se suma un creciente sentimiento antiestadounidense, propiciado por esta tarea propagandística de la izquierda apoyada por China y también por el abandono sociocultural y político de Estados Unidos, España y el resto de la Unión Europea. La opinión pública iberoamericana no ve a China como una amenaza para sus intereses, todo lo contrario. Según una encuesta de Pew Research Center en 2019, el 51% de la población brasileña, la mitad de los mexicanos y el 47% de los argentinos tienen una opinión favorable de China. Como referencia, el 60% de los estadounidenses desconfía de China y el 53% de los españoles también. China ha sabido convertirse en un actor fundamental en la economía, la sociedad y la política iberoamericana porque ha sabido penetrar en el continente con inversiones estratégicas, aquellas que Estados Unidos y España dejaron ir.

El plan de China no es inyectar dinero en los países de la zona, sino invertir en activos estratégicos que le aseguren un posicionamiento a largo plazo en una región de la que depende en cuanto a recursos naturales. Gran parte de los minerales y recursos naturales que el país asiático importa, los compra en Iberoamérica. Por eso decidió investir en infraestructuras. En Perú, por ejemplo, ha construido un megapuerto que va camino de convertirse en la puerta de entrada y de salida más importante del hemisferio sur en la ruta con Asia. China, además, está invirtiendo en la extracción de litio y en centrales hidroeléctricas[22]. Con la inyección de dinero en las infraestructuras reductoras del continente, China no solo mejora el desarrollo económico de la zona, sino que ayuda a generar empleo y eso se traduce a una mejora de la vida de sociedades que viven en una situación de pobreza o de poco desarrollo económico. Desde comienzos de siglo, el comercio bilateral entre China e Iberoamérica se ha multiplicado por 36[23].

Así es como Pekín ha sabido llenar el vacío que Estados Unidos y la Unión Europea han dejado en la región, el rincón olvidado que también es Occidente. La influencia de China en Iberoamérica debe ser una de las prioridades geopolíticas de Estados Unidos, de España y de los otros 26 estados miembro de la UE. En los próximos años, si Occidente no logra frenar la expansión ideológica, política y económica de China en Iberoamérica, Estados Unidos se quedará en una posición de debilidad geopolítica incalculable. China, su mayor rival y amenaza política, no solo va a estar al otro lado del Pacífico, sino directamente en su frontera sur. España tiene, además, una influencia social e histórica en Iberoamérica que tampoco ha sabido gestionar y que, de no fomentarla, puede terminar rompiendo los lazos sociales que aún tiene con sus antiguos territorios.

A la influencia de China, se suma la de Rusia. Como heredera de la Unión Soviética, Rusia ha mantenido sus lazos ideológicos con muchos países de la región, especialmente con Cuba, Nicaragua y Venezuela. A lo largo del siglo XXI esta alianza se ha mantenido, pero la guerra en Ucrania ha sido otro punto de inflexión. Aislado políticamente por las grandes potencias de Occidente, Vladimir Putin ha recurrido a sus aliados en Iberoamérica para reforzar su propaganda ideológica con una agenda más radical y enfocada en posicionarse en el continente ante su pugna con Estados Unidos por la guerra en Ucrania. Ha trascendido cómo ciudadanos cubanos se han incorporado a las filas rusas para combatir en el Donbás. A cambio, Rusia ha profundizado su alianza comercial y la reprimarización de las exportaciones[24]. En Cuba, Rusia mantiene posiciones militares que son clave para trazar el mapa geopolítico mundial.

22 Agobian, J. (2023, 1 noviembre). La huella de China sigue creciendo en América Latina. Voz de América. https://www.vozdeamerica.com/a/la-huella-de-china-sigue-creciendo-en-america-latina/7334475.html

23 Puig de la Bellacasa, Eduardo & Moya, Guillermo. Abril de 2023. La influencia de China en Iberoamérica. CEU-CEFAS p. 9.

24 Malamud, Carlos & Núñez Castellano, Rogelio. Noviembre de 2023. Rusia en América Latina, año y medio después de la invasión de Ucrania. Real Instituto Elcano.

Ideológicamente, Rusia también ha reforzado su campaña de propaganda en la región a través de Rusia Today y de la proliferación de noticias con un sesgo claramente prorruso en la explicación de la invasión de Ucrania. Un informe de Transparencia Venezuela ha analizado cómo ha evolucionado la cooperación entre Moscú y Caracas desde que empezó la guerra y la conclusión es un aumento exponencial, sobre todo, de la cooperación en comunicación, propaganda y medios. Los mensajes más difundidos a través de medios oficiales respondían a un mismo relato que blanqueaba la figura de Vladimir Putin frente al marco de Occidente y de Estados Unidos[25].

Este tipo de campañas de desinformación diseñadas por Rusia, y la progresiva injerencia china en la economía y la política iberoamericana, son la combinación perfecta para agudizar las vulnerabilidades de una sociedad ahogada por la inseguridad ciudadana, por crisis económicas prolongadas en el tiempo y por un narcotráfico hasta ahora incontrolable.

La crisis del estado de derecho y su repercusión en la inmigración ilegal

Es precisamente esa crisis económica en Iberoamérica la que ha fomentado, históricamente, un flujo migratorio hacia los Estados Unidos mayoritariamente ilegal a través de la frontera con México. Pero a la inseguridad y a los problemas económicos se suma la represión de la que siguen huyendo millones de personas que salen de países con gobiernos dictatoriales o autoritarios como Cuba, Venezuela o Nicaragua. Según un informe de InterAmerican Security Watch (octubre, 2023), entre 2022 y 2023 se ha batido el récord de cubanos y venezolanos que han pedido asilo en la frontera con México tras llegar allí de forma ilegal. En el caso de los cubanos, según la policía fronteriza de Estados Unidos, entre 2022 y 2023 han emigrado más cubanos que entre 1965 y 1973 en los conocidos como "vuelos de la libertad" (*freedom flights*, en inglés). En ese entonces, tras el triunfo de la revolución de Fidel Castro, unos 270.000 cubanos emigraron a Estados Unidos. En los años fiscales de 2022 y 2023 el número de cubanos solicitantes de asilo llegó casi a los 425.000[26].

En el caso de los venezolanos, por primera vez desde que hay registros han superado a los mexicanos en número de migrantes que entran a Estados Unidos por su frontera sur. Al cierre del año fiscal 2023, la mayoría de las personas retenidas en la frontera por intentar cruzarla de forma ilegal eran venezolanas. En septiembre de 2023 fueron detenidos en la frontera con México 54.833 venezolanos, más del doble que un mes antes: 22.090 arrestos en agosto y 33.749 en julio de 2023[27].

Estos dos casos concretos, el de Cuba y Venezuela, demuestran cómo el deterioro democrático de un país influye también en el cauce del flujo migratorio. La represión de derechos humanos y libertades individuales, junto a una crisis económica que se agudizó con la pandemia por una mala gestión, han sido los factores

25 Amaya, Víctor. 2022. Rusia y Venezuela, aliados para desinformar. Transparencia Venezuela.

26 Bazail Eimil, E. (2023) Record Breaking Numbers of Cuban migrants entered the U.S. in 2022-23. Político.

27 The Associated Press. (2023, 22 octubre). Venezuelans surpass all other nationalities in illegal U.S. border crossings. Opb.

clave que han propiciado este aumento de inmigrantes en la frontera entre Estados Unidos y México. En el año fiscal 2023, en total, 2.5 millones de personas han pedido asilo en la frontera y ese en un récord que rompe la cifra absoluta del año fiscal anterior[28].

Pero en 2023 se ha visto un cambio de perfil en la mayoría de las personas que intentan entrar ilegalmente en la frontera de Estados Unidos con México. Hasta entonces, gran parte de los solicitantes de asilo eran adultos solteros o que llegaban solos a esa zona del país. En 2023, según los datos oficiales de la policía fronteriza de Estados Unidos, aunque los adultos solteros siguen siendo la mayoría, ha crecido el número de familias que llegan solicitando asilo a la frontera (ya son el 33,18% del total, frente al 23% que representaban en 2022). Independientemente de la edad, la procedencia es otro factor que ha mutado en los últimos años. Ya no sólo son mexicanos o iberoamericanos los que cruzan la frontera, sino también chinos, indios o rusos. Entre 2022 y 2023, por ejemplo, las autoridades fronterizas estadounidenses han contabilizado un incremento de 24.000 inmigrantes chinos en la frontera pidiendo asilo[29].

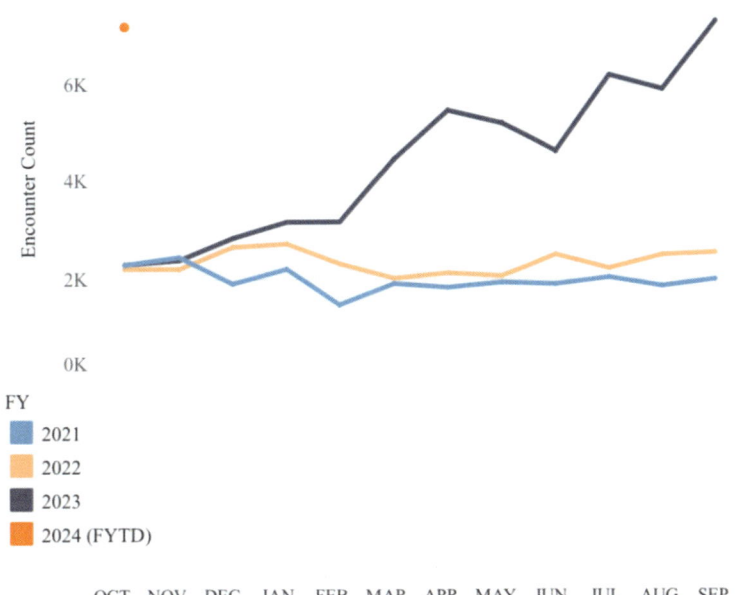

Gráfica de crecimiento de la inmigración china por la frontera sur de Estados Unidos (U.S. Customs and Border Protection. 2023)

En Iberoamérica, en cambio, se ha detectado un aumento de la inmigración ilegal a través de la selva de Darién tras momentos políticos determinantes. Por ejemplo, en 2021 llegaron a la frontera con México 6.200 colombianos de forma irregular. Gustavo Petro llegó al poder en Colombia el 19 de junio de 2022. Ese año, 125.200 colombianos pidieron asilo en Estados Unidos. Eso es 20 veces más que el año anterior. Y de enero a agosto de 2023 ya se ha superado todo el total de 2022: 126.200 colombianos han pedido asilo en la frontera suroeste de Estados Unidos[30].

---

28   Soto, C. P. A. G. R. (2024, 19 enero). Shifting Patterns and Policies Reshape Migration to U.S.-Mexico. migrationpolicy.org. https://www.migrationpolicy.org/news/border-numbers-fy2023

29   (U.S. Customs And Border Protection, 2023).

30   (U.S. Customs And Border Protection, 2024).

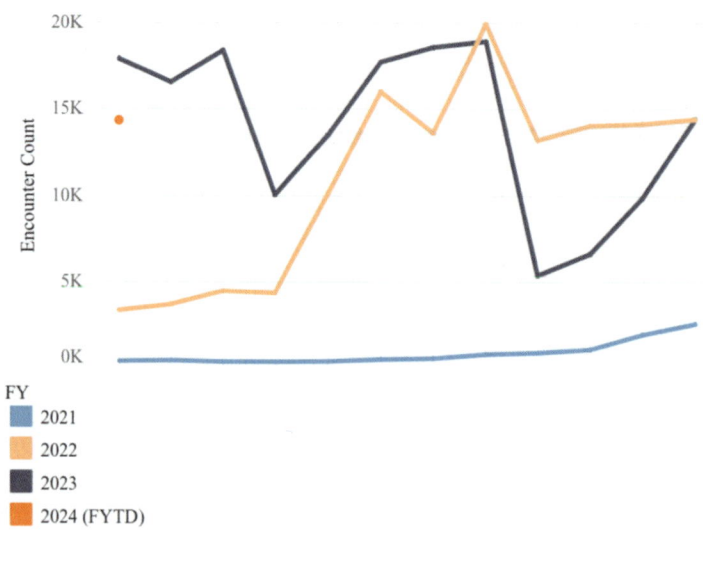

Gráfica de crecimiento de la inmigración colombiana por la frontera sur de Estados Unidos (U.S. Customs and Border Protection. 2023)

A la entrada masiva de inmigrantes se suman las carencias del protocolo de admisión y tramitación de asilo. Los inmigrantes que llegan indocumentados o con documentos que pueden ser falsos, tienen a su favor la dificultad que tiene el gobierno estadounidense para comprobar que esa persona no es quien dice ser. Esta falta de colaboración en términos de seguridad es lo que lleva al incremento de crímenes, sobre todo en Texas, vinculados con migrantes que han cruzado la frontera y con la infiltración de los cárteles mexicanos. Especialmente en el estado de Texas, los estadounidenses y residentes legales en ese estado se enfrentan a un aumento del contrabando de personas, episodios violentos, robos, secuestros[31]. A esto se suma el tráfico de fentanilo (droga que ya es la principal causa de muertes por sobredosis en ciudades como Nueva York, San Francisco o Baltimore).

Estados Unidos se enfrenta, por tanto, a una crisis de seguridad y salud pública que podría ser evitada o controlada si existiese una mayor cooperación con México. Aunque el actual presidente de México no considera importante esta alianza. Andrés Manuel López Obrador rechaza que la crisis con el fentanilo en Estados Unidos tenga su origen en México y asegura que es más un comportamiento de jóvenes dispuestos a drogarse. Un reporte de la BBC asegura que autoridades tanto de México como de Estados Unidos han detectado cómo se ha establecido una red de cárteles mexicanos y chinos que elaboran el fentanilo y luego lo envían a Estados Unidos.

Desde el punto de vista político, la política de Joe Biden ha demostrado no ser efectiva para controlar el flujo migratorio ilegal porque ha enviado el mensaje opuesto al resto del mundo. La frontera entre México y Estados Unidos funciona como un mercado bajo las reglas de la oferta y la demanda. La única forma de controlar

---

31 Rodríguez, Selene. Noviembre de 2023. At the southern U.S. border, there's less security and more lies. Texas Public Policy Foundation https://www.texaspolicy.com/at-the-southern-u-s-border-theres-less-security-and-more-lies/

la demanda es recortando la oferta, hacer más complicada la entrada al país y eso lanza un mensaje distinto al de Biden. Sin olvidar que son, en gran medida, familias las que atraviesan una de las selvas más peligrosas de Iberoamérica para buscar una mejor oportunidad en Estados Unidos, el flujo migratorio ilegal pone en riesgo la propia identidad de los Estados Unidos como país -además de su seguridad-.

Para empezar, ningún ciudadano de un país fuera de Iberoamérica debería poder usar la frontera sur como punto de entrada ilegal al país (dígase chino, indio, turco o rumano, por poner algunos ejemplos). Es imprescindible una mayor colaboración con países como México, que deberían ser la primera barrera para las personas que atraviesan su territorio con el único propósito de llegar a Estados Unidos. Y las políticas de asilo deberían volver a sus inicios cuando solo se les concedía a aquellas personas que podían demostrar que eran víctimas de persecución política.

Para Estados Unidos esta no solo es una crisis política, sino que además es una crisis económica que terminan pagando los contribuyentes, los estadounidenses que pagan sus impuestos. Chicago, por ejemplo, una de las ciudades de acogida de solicitantes de asilo como Nueva York, tiene previsto gastar 255.7 millones de dólares en 2023 en financiar la estancia de "aliens", como se les llama en Estados Unidos a los inmigrantes sin papeles. Es precisamente por eso que es necesario fiscalizar el trabajo de las organizaciones sin ánimo de lucro que reciben financiación del gobierno estadounidense.

Modelo de coalición conservadora

Los conservadores en Occidente se enfrentan a retos y amenazas comunes. Es el resultado de la internacionalización y el globalismo de la izquierda comunista. Su agenda ideológica se ha expandido a nivel internacional mientras los conservadores, por su propia naturaleza, se han concentrado en su desarrollo doméstico. La crisis migratoria que se acaba de describir en Estados Unidos es comparable con la que sufre España en su frontera con Marruecos, o Italia en el Mediterráneo. Una alianza político-estratégica entre los líderes conservadores de la Unión Europea, Iberoamérica y Estados Unidos debe traducirse a un única agenda ideológica y política que afronte las amenazas comunes del radicalismo comunista.

El primer cambio de paradigma debe ser la relación con Iberoamérica y su pleno reconocimiento político como parte de Occidente. Si el objetivo es influir en la política iberoamericana para fomentar y desarrollar la democracia en una región todavía inestable, la primera línea de acción está en la sociedad. Y ahí es donde España debe recuperar su influencia en sus antiguos territorios. Pese a que ahora Iberoamérica mira a Estados Unidos como el estandarte de la seguridad financiera y la riqueza, España sigue siendo la referencia moral y social para una población que comparte lengua, cultura y la religión predominante con su "madre patria". Si el movimiento conservador en Estados Unidos quiere influir en la sociedad iberoamericana para la defensa de la familia, la vida y la religión católica, debe establecer una coalición social con España. La izquierda entendió eso años atrás y lo hizo con el Grupo de Puebla, por ejemplo.

Es momento de una alianza de líderes, no solo de académicos conservadores. Una alianza Europa-Iberoamérica-Estados Unidos debe fundarse con el objetivo de hacer política activa para confrontar el adoctrinamiento ideológico que la izquierda marxista lleva ejecutando desde que empezó el siglo. Los conservadores necesitan una organización internacional con valores fundacionales comunes como la defensa de la familia, de la vida desde la concepción, el libre mercado, de la libertad de expresión sin censura social, acabar con el intervencionismo del Estado y frenar la inmigración ilegal con la protección de las fronteras.

Un buen punto de partida es el Foro Madrid, una iniciativa de la Fundación Disenso para hacer frente a la agenda ideológica marxista. Su objetivo es generar una conciencia política y un pensamiento crítico a nivel internacional sobre la agenda ideológica de la extrema izquierda. Precisamente para eso, está centrando su trabajo en Iberoamérica a través de foros regionales y de la elaboración de informes políticos.

Hay aliados en Iberoamérica. Argentina con Javier Milei y Paraguay con Santiago Peña son dos puntos de partida. De no poner en marcha una alianza conservadora internacional, China seguirá ganando fortaleza económica e influencia social en Iberoamérica y Estados Unidos estará rodeado y acorralado por su principal competidor por el oeste, el sur y el este de su territorio.

El eje de esta coalición debe estructurase entre España, Argentina, Paraguay, Ecuador, México y los Estados Unidos. La posición geográfica de Paraguay entre Brasil y Argentina, los dos países más grandes de Sudamérica, lo convierte en un buen escenario de prueba para empezar a potenciar una inversión occidental en infraestructuras que potencien su economía. Los mismo sucedería con Ecuador, un país fronterizo con Colombia y Perú, por tanto, clave para frenar el tráfico de drogas por tierra y por mar con su salida directa al Pacífico y la cercanía con el Canal de Panamá. Además, Ecuador puede ser el contraste con Perú. China se ha enfocado en los últimos años en invertir en infraestructuras peruanas, Estados Unidos y Europa pueden reforzar su presencia en Ecuador, en el vecino, para lanzar el mensaje político de presencia y ayuda económica. México, en cambio, es el socio imprescindible de los Estados Unidos para controlar el flujo migratorio y su puerta de entrada al resto del continente.

Si bien la toma de decisiones geopolíticas depende del gobierno que esté en el poder en cada momento, es necesario empezar a tejer lazos con estos fines antes descritos entre los líderes conservadores de los países citados anteriormente. El objetivo es tener posiciones establecidas en el continente y al mismo tiempo trazar agendas ideológicas comunes que puedan irse desarrollando de forma simultánea a la inversión económica. No es un proyecto de ciclos electorales, es una educación social planteada para dar resultados a medio y largo plazo. Para entonces, tendrá afianzada ya las raíces morales intrínsecas a la naturaleza humana que la izquierda marxista ha intentado dinamitar con su colectivización del ser humano.

Para estructurar el plan de acción de esta nueva coalición es necesario plantear una agenda común, que debería, sobre todo, basarse en consolidar todas las instituciones democráticas y la separación de poderes (sobre todo tras los intentos de reforma constitucional en varios países de la región, véase el caso de Chile explicado anteriormente). Además, hay que fomentar el respeto a la libertad religiosa, de expresión y de cátedra, así como la defensa de la familia como núcleo de la sociedad. Parte de la agenda ideológica de la izquierda marxista iberoamericana ha centrado sus políticas en la actividad del ser humano fuera de la familia y ha desviado su sentido a través de la ideología de género. La construcción de una sociedad igualitaria, tal y como promovía Marx, se traslada al ámbito biológico al anular cualquier diferencia entre un hombre y una mujer. Partiendo de esa base, se altera el concepto de familia y se sustituye por convenciones marxista de las relaciones personales en sociedad.

Desde una perspectiva económica, se recomienda reajustar el gasto público y seguir una política monetaria responsable y antiinflacionista para evitar situaciones como la que ha sufrido Argentina la mayor parte del año 2023 con una inflación superior al 142%. También se plantea fomentar la inversión extranjera y garantizar la seguridad jurídica. El principal objetivo es reducir todo lo posible la intervención del Estado para garantizar la libre circulación del capital y de los bienes en el mercado, que debería regirse solo por la ley de la oferta y la demanda, y no por la intervención del Estado que actúa como empresa. A su vez, también se recomienda abrir una nueva vía de negociación para poder llegar a acuerdos comerciales bajo estas premisas con el MERCOSUR.

El planteamiento de políticas concretas para cumplir estos objetivos que se acaban de trazar va a depender de las peculiaridades y necesidades de cada país, pero deberían pilotar alrededor de estos planteamientos generales. Un buen ejemplo es la hoja de ruta del presidente de Argentina, Javier Milei. Sus primeras medidas en el gobierno promueven una auditoría de las cuentas de todos los ministerios para reducir el gasto superfluo de la administración. Asimismo, abandona el intervencionismo del Estado, por ejemplo, en la construcción y mantenimiento de infraestructuras. Frena la licitación de obra pública y fomenta, en cambio, la inversión privada. Su principal objetivo ha sido recuperar el equilibrio fiscal y eso ya ha sido avalado por el Fondo Monetario Internacional.

Fuera de la economía, otra política común y prioritaria para la coalición conservadora que se propone es contrarrestar el sesgo ideológico que se ha apoderado de la educación superior y de los planes de estudio tanto universitarios como de niveles inferiores. Esta es una amenaza común que también ha sido abducida por la ideología de género. Especialmente en los niveles de educación media-superior, es necesaria una reeducación social para desmontar la teoría de la victimización social de las minorías y para despertar la conciencia en una juventud abducida por años de educación ideológica. Precisamente por eso es necesario empezar el plan de acción en los niveles inferiores con un escrutinio y revisión de los libros de texto, libre elección de centros y, en determinados casos, también de profesores.